AF388704

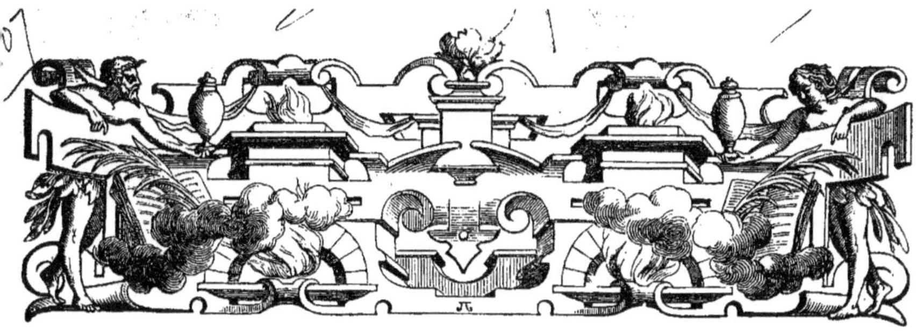

DESSINS ET MODÈLES

LES ARTS DU TISSU

Étoffes — Tapisseries — Broderies — Dentelles — Reliures

NOTICE

PAR M. A. DE CHAMPEAUX

Album comprenant 150 Gravures

PARIS

BIBLIOTHÈQUE DE LA *GAZETTE DES BEAUX-ARTS*

J. ROUAM & Cie, éditeurs

14, RUE DU HELDER, 14

DESSINS ET MODÈLES

LES ARTS DU TISSU

ALBUMS FORMANT LA COLLECTION

DES

DESSINS ET MODÈLES

Album des Arts du bois........ 164 gravures.
  —   des Arts du feu......... 223   —
  —   des Arts du tissu....... 150   —
  —   des Arts du métal...... 200   —
  —   de Peinture décorative... 200   —
  —   de Sculpture décorative.. 200

BORDEAUX. — IMPR. G. GOUNOUILHOU, RUE GUIRAUDE, 11.
PARIS. — RUE DE RICHELIEU, 101.

DESSINS ET MODÈLES

LES ARTS DU TISSU

Étoffes — Tapisseries — Broderies — Dentelles — Reliures

NOTICE

PAR M. A. DE CHAMPEAUX

Album comprenant 150 Gravures

PARIS

BIBLIOTHÈQUE DE LA *GAZETTE DES BEAUX-ARTS*

J. ROUAM & Cie, éditeurs

14, RUE DU HELDER, 14

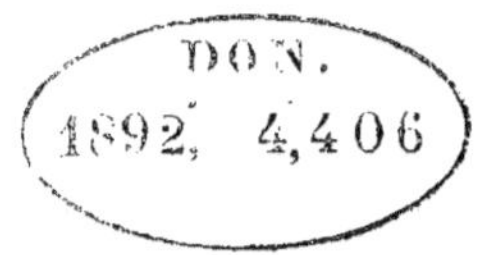

LES ARTS DU TISSU

LES TISSUS, LA BRODERIE, LA DENTELLE, LA TAPISSERIE.

TISSUS. — Une des premières nécessités imposées à l'homme fut celle de se vêtir. Alors qu'il vivait isolé et sauvage, il pouvait utiliser, pour se défendre du froid, les dépouilles des animaux dont il se nourrissait, mais dès qu'il fut constitué en société et qu'il fut entré dans la voie de la civilisation, il inventa les procédés du tissage que l'on trouve employés par tous les peuples dans la mesure relative de leur état social et de leur intelligence. Chez les races primitives, on trouve la femme filant la laine ou le lin, qu'elle convertit ensuite en tissu grossier sur un métier sommaire. Les vases grecs nous montrent plus tard les matrones, entourées de leurs esclaves, travaillant dans l'intérieur des gynécées à la préparation des étoffes destinées aux vêtements. Ces fabrications locales, destinées à répondre aux besoins usuels, ne présentaient pas de caractère artistique. Pour trouver une industrie plus perfectionnée, il faut s'adresser aux contrées asiatiques qui, depuis une époque très reculée, disposaient de matières premières incomparables, et où le sentiment décoratif a été très florissant à toutes les époques.

Les étoffes de l'Assyrie et de la Babylonie sont mentionnées, dans les Livres saints et par les historiens grecs, comme présentant un éclat de couleurs, une finesse de tissu et une originalité de composition qui en faisaient des objets d'un grand prix, réservés aux souverains. Des relations commerciales, dont les témoignages écrits n'ont pas été conservés, devaient exister entre les pays baignés par le Tigre et l'Euphrate, et les peuples de l'Inde et de la Chine, où l'emploi de la soie se perd dans la nuit des temps. Il est certain, toutefois, que les étoffes de soie provenant de l'Extrême-Orient arrivaient sur les bords de la Méditerranée, soit par caravanes, en traversant le continent asiatique, soit par navires, en suivant les rivages du golfe Persique et de la mer Rouge. Les Phéniciens, les grands trafiquants du monde antique, apportaient en Égypte, en Grèce et en Italie les étoffes de soie lamées d'or qu'ils avaient achetées sur les marchés transgangétiques, en même temps que les tissus teints de pourpre, au moyen des coquillages de leurs côtes, et qui sortaient de leurs fabriques spéciales. Les bas-reliefs de l'Assyrie représentent les grands rois et leurs officiers revêtus de longs costumes, décorés d'ornements et entourés de franges, en même temps que les panneaux de faïence émaillée, provenant de leurs palais, nous ont conservé les couleurs empreintes sur ces robes somptueuses. Le goût des étoffes orientales se répandit à Rome lorsqu'elle eut fait la conquête du monde; il y devint si exagéré que les premiers empereurs durent rendre des édits contre l'usage des tissus de soie; mais ils tombèrent vite en oubli, et d'ailleurs les maîtres eux-mêmes donnaient au peuple l'exemple d'un luxe effréné. Le prix élevé qu'obtenaient ces étoffes entraîna l'établissement en Syrie de fabriques où la soie tirée de l'Orient était travaillée. Elles devinrent plus nombreuses encore sous le règne de Justinien, qui introduisit en Europe l'élevage des vers à soie. Dès lors, Byzance et les provinces qui l'entouraient purent s'affranchir de ce tribut payé à l'industrie asiatique; mais pendant longtemps encore les étoffes du Bas-Empire s'efforcèrent d'imiter celles de l'Orient. On a retrouvé, dans les cavernes sépulcrales des bords du Nil, des tissus de coton et des fragments de soieries brochées qui avaient appartenu à des Pharaons de la xviiie dynastie. L'industrie textile de l'Égypte, pendant la période romaine, est mieux connue depuis que des découvertes récentes ont fait découvrir les cimetières où les anciens chrétiens coptes reposaient dans des linceuls polychrômes. Ces morceaux d'étoffes, qui ont été divisés entre divers Musées, sont de fabrications très variées. Les uns sont en fils de coton ou de laine, croisés, bouclés ou mélangés de peluches et de parties unies; il y en a également qui sont brodés; d'autres forment de véritables tapisseries. La plupart ont conservé leurs couleurs primitives, ce qui permet de reconstituer les ornements qui les décoraient. On y remarque des traces de travail appartenant à des époques successives, qui semblent s'étendre du iiie au viie siècle avant l'ère chrétienne. Certains portent des ornements géométriques qui sont vraisemblablement d'œuvre indigène; d'autres sont de véritables étoffes de soie représentant des personnages sacrés ou des animaux, et ont été importés des provinces de l'Empire d'Orient, sinon de Constantinople même.

Les trésors de nos églises ont sauvé de la destruction un nombre considérable de tissus précieux, dans lesquels étaient déposées des reliques de saints, dont quelques-unes avaient été apportées du Bosphore lors du pillage des Croisés. Sur ces étoffes de soie sont

figurées des scènes bibliques et des personnages luttant avec des
lions, affrontés deux à deux et revêtus de tuniques qui rappellent les
costumes de la Rome antique. D'autres montrent un empereur dans un
char à quatre chevaux. Puis, les contrées orientales monopolisèrent
la manufacture des tissus; l'art de Byzance disparut et fut remplacé
par celui de Damas, de Bagdad et de la Perse. Les personnages
interdits par le Koran furent bannis de la décoration et remplacés
par des figures fantastiques de lions, de griffons, de paons et d'aigles,
accouplés dos à dos et disposés sur un champ de fleurons et
d'arabesques. Vers cette époque, la fabrication des étoffes prit une
grande extension en Orient, et seule elle alimenta tous les marchés de
l'Europe jusqu'à la fin du XIIᵉ siècle. Des métiers analogues étaient en
pleine activité dans les provinces de l'Espagne soumises aux Arabes,
et leur supériorité industrielle était assez prédominante pour que les
rois normands de la Sicile aient eu recours à des ouvriers musulmans
pour fabriquer les ornements royaux destinés à leur sacre. Dès cette
époque, l'Orient apportait dans l'exécution des tissus une harmonie
de tons et un goût de composition inimitables.

Ce fut à Lucques que furent montés les premiers métiers à tisser
la soie fonctionnant en Italie. Ils étaient en pleine activité dès le
XIIIᵉ siècle, et cette industrie existait à Venise vers la même époque.
La fabrication péninsulaire, dans le début, participait à la fois des
styles byzantin et musulman, auxquels s'ajoutait l'influence particulière de l'art italien. Ces points communs s'expliquent par la fréquence
des rapports commerciaux de ces deux villes avec l'Espagne et avec
l'Orient. Les tissus italiens étaient souvent enrichis de broderies, qui
leur donnaient une nouvelle valeur. Il y existait également des
fabriques de velours et de soie lamée d'or et d'argent, très floris-
santes, à la fin du XIIIᵉ siècle, sans que l'on ait pu encore établir
l'époque précise à laquelle ces établissements remontent. Cette
production industrielle se développa rapidement dans les autres villes
importantes de l'Italie, notamment à Gênes, à Florence, à Milan;
bientôt elle traversa les Alpes, pour s'établir à Lyon et dans plusieurs
cités du nord de l'Europe.

Les recherches du luxe et le goût des grands seigneurs pour les vêtements somptueux, qui signalent les dernières années du XIVᵉ siècle
et le commencement du siècle suivant, furent très favorables aux
progrès de l'industrie textile. Les princes et les chevaliers étaient
revêtus de longues robes de soie et de velours, sur lesquelles des
broderies d'or venaient figurer des armoiries et des devises d'une
grande magnificence. Les autels et les vêtements sacerdotaux étaient
taillés dans des pièces de soie, dont les arabesques fleuronnées, aux
vives et harmonieuses couleurs, ne présentent plus aucune ressem-

blanc avec les ornements d'animaux chimériques qui formaient le fond de la décoration orientale. Les vitraux de nos églises et les miniatures des manuscrits renferment d'admirables modèles de cette fabrication; il nous en est parvenu quelques échantillons, que l'on conserve soigneusement dans nos Musées. L'Orient, lui-même, reconnut la nécessité de moderniser son style et de renoncer alors à la tradition byzantine, pour suivre une manière plus élégante. La Perse, qui fut peut-être le berceau de l'industrie du velours et qui en produisait de très renommés dans la ville d'Hérat, adopta un système de décoration dans lequel les palmettes, les fleurs et les oiseaux aux brillantes couleurs étaient variés avec un goût charmant. L'or de Chypre, étiré en lame fine, de façon à pouvoir se mêler à la trame, venait augmenter l'éclat de ces inimitables tissus, en les couvrant pour ainsi dire d'une surface métallique. Au xve siècle, Florence, Gênes et Venise étaient aussi renommées que la Perse et la Syrie, pour la fabrication de leurs velours et pour celle des draps d'or ras, frisé ou bouclé, ainsi que pour les toiles d'or et d'argent.

Les personnages des tableaux de la fin du moyen âge étaient vêtus de draps d'or et de velours, dont la richesse ne nous est plus familière. Les tournois, les carrousels et les cérémonies publiques devaient à ces belles étoffes un éclat exceptionnel. On se rappelle la magnificence déployée par François Ier lors de son entrevue avec Henri VIII, près de Boulogne, et le dépit que le monarque anglais conçut de la modestie de son train au camp du Drap d'Or. Le même luxe régnait en Italie, à la cour des Papes et chez les princes des divers États de la Péninsule.

Les guerres du xvie siècle tarirent la prospérité des fabriques italiennes, et l'industrie de la soie émigra dans les Flandres, qui héritèrent d'une partie de la clientèle d'outre-monts. La ville de Bruges obtint bientôt une grande célébrité pour ses satins, ses brocarts et ses velours, dont on fait très souvent honneur aux métiers italiens.

Nous avons vu que la France fabriquait des étoffes de soie depuis le xiiie siècle. On possède encore quelques pièces, tissées aux armes royales de France et de Castille, datant de l'époque de saint Louis. Le *Livre des Métiers,* du prévôt Boileau, établit les statuts des fabricants de draps de soie et de velours à Paris. Mais il faut arriver à Louis XI pour constater l'introduction définitive de la soie et de sa fabrication dans notre pays. Le roi, qui avait fait planter de nombreux pieds de mûrier en Touraine, autorisa la fabrication du drap d'or et de la soie à Lyon, tandis que la ville de Tours commençait à mettre en usage les cocons français pour la production de ses taffetas, dont la célébrité devint universelle.

Les expéditions des Français en Italie, sous Charles VIII et

François Ier, amenèrent chez nous des ouvriers étrangers qui aidèrent à la progression de cette industrie. Ils obtinrent des privilèges que les rois de France confirmèrent à diverses reprises. On comprendra facilement combien il est difficile de distinguer les tissus faits en France par ces étrangers, venus de Gènes et du nord de l'Italie, de ceux que les ouvriers indigènes produisaient dans les villes où ils étaient restés. Henri IV et Sully se préoccupèrent du soin de relever les métiers français, dont les malheurs de la Ligue et des guerres de religion avaient amené la fermeture. Sous Louis XIV et Colbert, nos fabriques rivalisaient avec celles de l'Orient et de l'Italie, et la majeure partie des étoffes employées pour l'ameublement de Versailles, provenaient de Lyon. La protection royale ne se borna pas à la fabrication de luxe, elle s'étendit au tissage de la laine et du lin, à la création des ouvrages en dentelle, à l'exécution des broderies et des tapisseries; elle s'adressa, en un mot, à tout ce qui pouvait affranchir la France d'un tribut industriel payé à l'étranger. La ville de Lyon porta au plus haut point de perfection la fabrication des velours épinglés et à parterres contre-taillés et ciselés, des lampas, des brocatelles, des damas et de toutes les riches étoffes qui ont réalisé l'expression suprême de l'élégance et de la magnificence. Malheureusement, la révocation de l'édit de Nantes, si funeste à notre industrie, fit émigrer à l'étranger une foule d'ouvriers habiles, qui créèrent en Allemagne et en Angleterre des établissements qui, à partir de ce moment, firent une concurrence sérieuse à notre industrie jusqu'alors sans rivales.

Le goût du luxe sous la Régence et pendant le règne de Louis XV contribua à la prospérité de notre industrie. Jamais le bon goût et la grâce française ne furent plus apparents que pendant le XVIIIe siècle. Déjà les dessinateurs du cabinet de Louis XIV, parmi lesquels on compte Charles Lebrun et les Bérain, avaient été appelés à tracer les compositions des étoffes destinées à meubler les maisons royales, et que l'on exécutait dans la maison des Gobelins. Bientôt les fabricants s'adressèrent directement aux artistes connus par leurs aptitudes décoratives. Marot, Pinaut, Mondon, Peyrotte, Huquier, Huet, Pillement, Bachelier, composèrent de nombreux modèles qui furent répétés par les fabriques françaises. En même temps les dessinateurs lyonnais, Deschamps, Monlong, Ringuet et Courtois, en relations directes avec les industriels de la ville qu'ils habitaient, fournissaient leurs ateliers de cartons tracés pour les besoins de cette fabrication spéciale. La plus haute personnalité artistique de Lyon est celle de Philippe de La Salle, né à Lyon en 1723 et élève de François Boucher, qui fut aussi remarquable peintre-dessinateur qu'habile praticien. Demandant aux métiers plus qu'ils n'exprimaient avant lui, il modifia leur outillage, et ces améliorations lui permirent de produire des étoffes qui sont de véritables tableaux tissés. Le travail le plus important qui soit sorti de ces métiers perfectionnés est la garniture du lit de la reine Marie-Antoinette qui décore le palais de Fontainebleau, et dont le fond de satin blanc est à dessins formés de branches de laurier et de chêne, entremêlées de feuillages aquatiques, de corbeilles de fleurs, de trophées noués par des rubans et de colonnades d'édifices. Philippe de La Salle fut puissamment secondé par Camille Pernon, l'un des plus habiles fabricants de Lyon, de la maison duquel sont sorties les tentures du *Faisan*, de la *Corbeille de fleurs*, des *Sujets chinois* et des *Perdrix*, dont on ne peut se lasser d'admirer la richesse.

La découverte de Jacquart, sous le ministère de Chaptal, dota l'industrie du tissu de moyens de fabrication inconnus jusqu'alors.

Broderies. — L'art de la broderie est presque aussi ancien que la fabrication des tissus, dont il est le principal ornement. On peut même supposer qu'il a pu précéder le brochage des étoffes, qui n'aurait été inventé que pour imiter l'effet de la broderie. Ce que nous avons dit sur la fabrication des anciens tissus peut s'appliquer surtout aux broderies qui décoraient les vêtements égyptiens et assyriens. Les textes d'Homère, d'Hérodote, ceux de la Bible et les auteurs latins sont remplis de renseignements sur l'emploi de ces travaux spéciaux. En même temps, les bas-reliefs et les peintures des vases antiques nous en présentent de nombreux exemples. Cet art était venu à Rome de la Phrygie; aussi les ouvriers brodeurs recevaient-ils le nom de *phrygiones*. Les personnages asiatiques retracés sur les vases antiques portent des tuniques et des caleçons brodés de palmes. Le luxe des vêtements brodés devint général à Rome. Il fut conduit jusqu'à l'exagération à Byzance, où les empereurs n'apparaissaient que revêtus de tuniques et de longues robes brodées d'or et surchargées de perles et de pierreries. On a découvert en Crimée des fragments d'étoffes helléniques enrichies de palmettes brodées qui remontent à l'époque grecque. Le trésor de Bamberg possède également une broderie d'une admirable exécution sur laquelle est représenté un empereur byzantin accompagné de deux officiers. Bien que datant d'une époque plus moderne, cette broderie montre le haut degré de perfection de ce travail sur les rives du Bosphore. On a trouvé dans les catacombes chrétiennes de Rome, et l'on conserve pieusement dans plusieurs églises, des étoffes brodées d'or dans lesquelles avaient été ensevelis les premiers martyrs de la foi. Une chape offerte par l'empereur Charlemagne et conservée dans le Trésor de la cathédrale de Metz, est ornée de grandes figures d'aigles aux ailes éployées, d'un style oriental.

qui se détachent en broderie sur un fond de soie rouge. La nécessité
d'entourer le culte religieux de tout ce qui peut rehausser son éclat
et frapper l'imagination a été de toutes les époques ; aussi les monas-
tères du moyen âge, qui devaient se suffire à eux-mêmes au milieu de
la barbarie féodale, créèrent dans leur enceinte des ateliers de broderies sur étoffes précieuses dont le travail est appelé : *opus plumarii*.
Les couvents de femmes se distinguèrent par leur habileté dans cet
ouvrage spécial, et on y exécutait des entreprises qui exigeaient
plusieurs générations pour leur achèvement. Le travail le plus important en ce genre qui nous soit parvenu, est la longue toile brodée par
la reine Mathilde, femme de Guillaume le Conquérant, mort en 1087,
sur laquelle est représentée l'expédition d'Angleterre et la conquête
de cette contrée par le prince normand. Cette tenture, conservée au
Musée de Bayeux, mesure 70 mètres de longueur sur 0,50 de largeur ; elle
est brodée à l'aiguille en laine de couleurs diverses, sur un fond de
toile de lin. Quoique d'un travail grossier et sommaire, la *tapisserie
de Bayeux* donne des renseignements fort précieux sur les costumes
et sur l'art du xie siècle. Bien que cette épopée à l'aiguille ait été faite
en Normandie, l'Angleterre était déjà célèbre par ses broderies. Le
plus remarquable spécimen qui soit sorti de ses ateliers conventuels
est la *chape* du monastère de Sion, conservée au South-Kensington
Museum, et dont les figures inscrites dans des médaillons quadrilobés
remontent au commencement du xiiie siècle. Les broderies « façon
d'Angleterre » sont souvent décrites dans les inventaires royaux du
xive et du xve siècle. Un travail anglais analogue, ayant servi de
chasuble à Thomas Becket, fait partie du trésor de Sens.

L'Italie, plus voisine de l'Orient, subissait encore l'influence artistique des ouvriers de Constantinople. On voit dans la sacristie de
Saint-Pierre de Rome une dalmatique enrichie de figures représentant
la Cour céleste rangée autour du Christ et portant des inscriptions
grecques. Cet ouvrage, d'un style incomparable et d'une finesse
prodigieuse d'exécution, a appartenu, d'après la tradition, à l'empereur
Charlemagne ; mais on y reconnaît tous les caractères du xie siècle.
Le trésor impérial de Vienne possède les vêtements qui servaient au
sacre des empereurs d'Allemagne et que l'on a cru pendant longtemps
provenir du grand monarque carolingien ; mais on a reconnu, en
déchiffrant les légendes orientales qui y sont brodées, qu'ils ont été
exécutés au xiie siècle pour les rois normands. Les peintres florentins
dessinaient les cartons des ornements et des figures qui servaient de
modèles aux tableaux de dévotion, aux rétables d'autel et aux riches
costumes sortant des ateliers de leur cité. Aucun ouvrage important
ne s'entreprenait que sur le dessin présenté par un maître, et les
meilleurs peintres ne dédaignaient pas ces occupations. Vers la fin

du xv° siècle, Antonio del Pallaiuolo et Piero di Cosimo Rosselli étaient renommés pour leurs compositions. Quoique anonymes, les ouvrages du siècle antérieur n'en excitent pas moins notre admiration, et l'on ne saurait rien trouver de supérieur dans l'art de la broderie, aux *pluriale* des églises d'Anagni et Saint-Jean-de-Latran, à Rome, dont les figures égalent les plus fines miniatures des manuscrits du xiv° siècle.

La France n'était pas restée en dehors de cette expansion, et les broderies qu'elle produisait pendant le moyen âge n'avaient rien à envier aux ouvrages des nations voisines; mais moins respectueuse de ses monuments, elle n'a pas conservé le même nombre de pièces importantes que les églises d'Allemagne, d'Italie et d'Espagne. Jamais le luxe des vêtements ne fut porté aussi loin que sous les règnes de Charles V et de son fils, où les princes étaient littéralement couverts de broderies d'or. Jamais aussi les édifices religieux ne reçurent tant de largesses; tout cela a disparu dans les creusets de la monnaie. Lorsque la guerre de Cent Ans eut mis la France à deux doigts de sa perte, la cour de Bourgogne hérita de cette magnificence, et l'industrie artistique s'établit dans les Flandres, dont elle fit la prospérité. En relations constantes avec l'Italie par le commerce maritime, elle recevait de la Toscane les riches broderies d'or « de façon de Florence ». Mais en même temps ses ouvriers, sous la direction artistique des Van Eyck, de Rogier van der Weyden, de Thierry Bouts, créaient des merveilles de rendu et de délicatesse qui égalaient les compositions italiennes. On trouve dans la collection impériale de Vienne un monument inestimable du talent des brodeurs néerlandais; ce sont les ornements sacerdotaux de la chapelle de l'ordre de la Toison d'Or, fondé en 1429 par Philippe le Bon, duc de Bourgogne.

Au xvi° siècle, la broderie profita de la progression qui se fit sentir dans tous les arts qui se rattachent au dessin; mais sous le rapport du travail technique, elle ne put aller plus loin qu'au siècle précédent. En Italie. Raphaël, Jules Romain, Polidore de Caravage dessinaient des cartons pour les pièces d'ameublement et pour les tissus destinés à garnir les palais, pendant que François Ier et Henri II s'adressaient à Primatice et aux peintres de l'école de Fontainebleau pour fournir des modèles à leurs ouvriers brodeurs. La broderie tendit alors à imiter l'effet de la peinture, en luttant avec elle de finesse dans le travail, mais elle y perdit les forces qui l'avaient soutenue dans son développement, en vertu de la loi qui veut qu'un art se mettant à la remorque d'un autre, voie son originalité diminuer. Rien de plus charmant cependant que les gouttières de lit et les rétables d'autels semés d'arabesques brodées sur fond de velours qui ont été recueillis dans les musées et chez les amateurs, et dont il n'est

pas toujours possible de préciser la provenance. L'Espagne a jeté
sur le marché de la curiosité, depuis plusieurs années, une quantité
de vêtements sacerdotaux d'une richesse inouïe et brodés avec la
profusion particulière à cette contrée.

Nos métiers de brodeurs continuèrent à répéter les modèles du
XVIᵉ siècle, qui allaient en s'alourdissant chaque jour sous l'influence
des peintres flamands, jusqu'à ce que Colbert eut établi la manufacture des Gobelins, dont il confia la direction à Charles Lebrun. Une
troupe d'ouvriers y travaillaient aux pièces de l'ameublement du
château de Versailles, sur les patrons de Bailly, de Bonnemer, de
Testelin, de Boulogne le jeune et des dessinateurs du Cabinet, dont
Bérain est le plus connu. Ces habiles brodeurs étaient : Simon Fayette,
Philbert Balland et Jacques Remy. D'autres ateliers de broderies de
laine et de soie sur canevas avaient été créés à Noisy, près de
Versailles, et dans la maison de Saint-Cyr. Il était alors de mode,
chez les dames, de broder en tapisserie. On rencontre souvent des
ameublements de ce travail, et si leur exécution n'est pas toujours
parfaite, la composition en est généralement large. Le luxe des
vêtements de cour apporta un nouvel élément de prospérité aux
métiers. Les grands seigneurs et les dames étaient parés d'habits
de velours et de satin, dont le fond disparaissait sous les ornements
de broderies ; parfois même on y cousait des pierreries, qui rentraient
dans la composition générale. Charles de Saint-Aubin a publié, dans
la *Description des Arts et Métiers,* des planches représentant
quelques-uns de ces riches costumes où le clinquant et les paillettes
se mêlent aux soies de couleur.

Dès les temps antiques, le linge destiné à la table, ainsi qu'à
l'usage corporel, était aussi décoré de broderies. On employait au
moyen âge des chemises de soie blanche, barrée de soie rouge et
brodée de lettres d'or, ainsi que les serviettes de fil, ornées de raies
de soie et déchiquetées. Ces linges ouvrés venaient de l'Orient et de
l'Italie. Cette fabrication prit une grande activité dans ce dernier
pays au XVIᵉ siècle, et l'on possède de nombreux recueils de modèles
qui ont servi à orner les napperons et les serviettes fabriqués à
Venise, à Milan et à Augsbourg. Ces toiles sont aujourd'hui très
recherchées par suite de la charmante disposition de leurs ornements, se détachant en fils d'or ou en soie de couleurs sur un fond uni.

DENTELLES. — Il n'y a qu'un pas entre la broderie et la dentelle.
Ces deux travaux furent longtemps confondus ensemble, et même de
nos jours une partie des dentelles est brodée à l'aiguille, tandis que
les autres sont fabriquées aux fuseaux. Dans la dentelle à l'aiguille,
l'ouvrière constitue d'abord le fond, soit en établissant un lacis ou un

filet, sur lesquels elle applique des découpures de toile très fine, en suivant les lignes de son modèle. Les Anglais ont conservé avec raison le terme *lace,* pour désigner la dentelle, indiquant ainsi qu'elle n'est qu'un filet brodé et perfectionné. Nous avons vu que dès le moyen âge le linge destiné à la table était décoré de broderies à jour qui en formaient de véritables dentelles. La production de ces ouvrages mixtes prit une grande extension à partir du xve siècle. Il nous reste des témoignages nombreux de son activité, tant en Flandre qu'en Italie. C'est cependant dans ce dernier pays qu'elle prit le développement le plus considérable, et les travaux de Venise répandus en Europe sous les noms de point coupé, de point à fils tirés, de point coupé à gros ramages, étaient recherchés pour les garnitures des corsages et pour les collerettes des seigneurs et des dames élégantes. Plusieurs graveurs vénitiens publiaient en même temps des recueils de modèles de lingerie et de dentelles, qui furent promptement imités en France et en Allemagne. Le goût de la dentelle devint général au xvie siècle. La majeure partie des portraits de la cour des Valois, des souverains d'Allemagne, d'Angleterre et des princes de l'Italie, représentent des hommes avec des fraises godronnées, et des dames avec des collerettes du même genre, des manchettes et des devantures de corsage brodées à l'aiguille. Sous le règne de Louis XIII, les fraises disparurent, et on les remplaça par des rabats et par des grands cols plats d'une admirable exécution. La France comptait dès cette époque des manufactures de dentelles, mais cette fabrication n'y prit une importance prépondérante que sous l'administration de Colbert, qui monta et protégea l'établissement d'ateliers à Paris, à Sedan, à Alençon, à Argentan, à Arras, en y appelant des ouvrières de la Flandre et de Venise. Les produits de ces diverses villes furent connus sous le nom général de point de France. Ce n'était qu'une variété des dentelles de Venise, dont le dessin était plus léger et plus élégant que celui des ouvrages italiens. Argentan et Alençon se mirent à la tête de cette industrie, et leurs efforts rivaux tendirent à porter leurs produits à une perfection inconnue jusqu'alors. Bien que leurs procédés soient à peu près identiques, le point d'Argentan se distingue par la dimension de ses mailles inégales et par la largeur de ses rinceaux, tandis qu'Alençon employait des filets plus fins et uniformes. Un troisième point plus rare était celui de Sedan, qui, imitant le travail de la dernière de ces villes, savait varier ses effets en opposant les deux mailles continuées ensemble. Vers la fin du xviie siècle et à partir de l'époque de la Régence, nos dentelles s'étaient absolument affranchies des traditions et des ornements de Venise et elles portaient un caractère nettement français. Pendant ce temps, les ouvrières des Flandres brodaient patiemment à l'aiguille les superbes dentelles d'application qui sont connues sous le nom de point d'Angleterre, bien qu'elles sortent de Bruxelles. Le gouvernement anglais ayant interdit la vente des dentelles étrangères, les négociants de Londres furent longtemps réduits à vendre comme produits anglais les dentelles qu'ils commandaient à Bruxelles. Les fabriques de Malines et de Valenciennes, inférieures au point de vue de la richesse, ont conservé jusqu'à nos jours leur ancienne réputation. Une variété spéciale de dentelles s'était développée en Normandie, principalement dans la ville de Bayeux. On comptait, il y a quelques années, dans les environs de Chantilly, de nombreux ateliers d'ouvrières de dentelles usuelles, qui sont aujourd'hui remplacées par des métiers mécaniques. L'une des ressources principales de la ville du Puy-en-Velay est la production des guipures et des dentelles, pour laquelle elle emploie concurremment les fuseaux des paysannes et l'outillage perfectionné de l'industrie. L'Espagne fabriquait une sorte de dentelle-passement en or que son grand prix faisait réserver pour l'ameublement des palais et pour le costume des princes. La valeur du point d'Espagne que l'on brûlait pour en retirer l'or qui le composait, a rendu ces dentelles fort rares à rencontrer, tandis que l'on a conservé de nombreux spécimens provenant de Venise, de France et de Flandre.

TAPISSERIES. — Lorsqu'on veut étudier l'histoire des origines de cet art, on trouve des métiers à tisser figurés à la fois en Égypte, en Assyrie et en Grèce. Les tapisseries primitives ne différaient pas sensiblement des étoffes ordinaires par leur fabrication; beaucoup d'entre elles étaient décorées de broderies; il serait par suite difficile de préciser rigoureusement la nature des anciens tissus employés pour la décoration des temples et des édifices. Les diverses provinces de l'Euphrate étaient le centre producteur de ces tissus précieux sur lesquels l'or rehaussait l'éclat des laines et des soies teintes. Les galeries des palais assyriens et persans étaient revêtues de bas-reliefs peints et de longs panneaux de faïences poly-chromes représentant les victoires du grand roi, décoration que complétaient des tentures à sujets mythologiques. L'habileté des tapissiers babyloniens était si estimée à Rome que leurs productions s'y payaient au poids de l'or. Les ouvriers de la ville d'Alexandrie, encouragés par les rois Lagides, rivalisèrent plus tard avec eux pour la perfection de leurs travaux. Rome ne dut jamais son industrie artistique qu'aux étrangers qui y étaient appelés pour y renouveler les œuvres qu'ils avaient déjà fabriquées ailleurs. Aussi sa décadence artistique s'accentua plus rapidement sous les invasions barbares, que celle de Constantinople sa rivale, d'ailleurs moins exposée aux déprédations, et dont le génie s'échauffait au contact des populations musulmanes. Les palais et les églises de Byzance étaient tendus de

superbes tapisseries dont on retrouve la disposition dans les manuscrits contemporains. Il nous reste également de nombreux fragments
d'étoffes byzantines qui sont tissées comme des tapisseries et dont
les sujets représentent des animaux fantastiques empruntés à l'art
oriental. L'Europe occidentale tissait indubitablement des tapisseries
à la même époque. On sait que Dagobert et Charlemagne en avaient
placé à Saint-Denis et dans les basiliques qu'ils construisaient; mais
il semble cependant qu'on avait surtout recours à la broderie pour
cette décoration.

Nous avons déjà cité la longue épopée normande faite par la reine
Mathilde à Bayeux qui, n'étant en réalité qu'une broderie sur toile,
est étrangère à la tapisserie au point de vue technique. Vers le
xiie siècle, une surabondance de textes signale l'existence simultanée
de fabriques dans toutes les villes et dans un nombre considérable de
couvents. Quelques fragments bien usés, datant de cette période, sont
conservés dans les églises d'Allemagne; ils accusent une influence
orientale venant se juxtaposer aux traditions du canon byzantin.
Sous le règne de saint Louis et de ses successeurs, les tapissiers
de Paris devinrent célèbres et ils rivalisaient avec ceux des Flandres
pour la fabrication des tentures représentant des sujets de l'Ancien
et du Nouveau Testament. Charles V et ses frères firent disposer
dans les demeures où ils entassaient des merveilles d'orfèvrerie, des
pièces de tapisserie tirées de romans de chevalerie et de l'histoire
ancienne, ou des Livres saints. La *tenture de l'Apocalypse*, conservée
dans la cathédrale d'Angers, montre avec quelle largeur de dessin et
quelle vérité d'expression les peintres de la cour de Charles V savaient
composer des scènes qui se répètent presque uniformément, sans
tomber dans la banalité. Les malheurs de la guerre de Cent Ans
entraînèrent la disparition momentanée de cet art en France. Les
tapissiers parisiens, qui tenaient alors la tête de la fabrication, se
virent dépossédés par les métiers d'Arras, pour lequels cette industrie devint une source de prospérité. C'est à Bruxelles, à Bruges, à
Tournai et à Arras, que les ducs de Bourgogne commandaient les
magnifiques tentures dont une partie fut perdue par Charles le
Téméraire dans ses campagnes malheureuses en Suisse. Bientôt la
roue de la fortune tourna, et la ville d'Arras ayant été détruite par
le roi Louis XI, ses ouvriers furent obligés de s'expatrier dans les
cités flamandes voisines, où ils ouvrirent d'autres ateliers. Les
tapisseries néerlandaises de cette époque réalisèrent le type le plus
complet des qualités que doit présenter cet art spécial. Leur exécution large sait indiquer chaque détail sans y insister par une imitation
trop rigoureuse, de façon à ménager l'aspect général des compositions dont les dessins avaient été souvent tracés par Van Eyck,

Rogier van der Weyden, Dirk Stuerbouts et les autres maîtres de la
Flandre. Il faut ajouter que les encadrements des panneaux et les
fonds sont couverts d'une végétation idéale du plus gracieux caractère.

Les fabriques de Bruxelles étaient assez renommées au XVI² siècle
pour que Léon X y envoyât tisser la *tenture des Actes des Apôtres*
composée par Raphaël, pour décorer les murailles de la Chapelle Sixtine
au Vatican. Jules Romain, Polidore de Caravage et, plus tard, Primatice
et le Rosso y firent également exécuter des tentures dessinées par eux.
A la même époque, l'Italie possédait cependant des fabriques où l'on
avait appelé des ouvriers flamands, mais ces productions exotiques
ne soutenaient pas la comparaison avec celles qui provenaient du pays
de la tapisserie. Le roi François Iᵉʳ fit également exécuter à Bruxelles
de merveilleuses tentures mélangées d'or et d'argent qui ont été
barbarement brûlées sous le Directoire, pour en retirer le métal;
il s'adressait en même temps aux métiers parisiens, et il fit venir
de Flandre à Fontainebleau des artistes pour initier ses sujets aux progrès nouveaux de cette fabrication. Une manufacture avait été fondée
à Paris sous le règne de Henri II, et elle traduisait concurremment
les dessins des artistes italiens qui décoraient la résidence royale, et
ceux de plusieurs peintres français. Les guerres de religion portèrent
un coup funeste à ces établissements, qui disparurent ou ne firent plus
que végéter. Il en fut de même dans la Flandre, où Van Orley, Jean
de Mabuse et d'autres artistes, qui avaient étudié en Italie, avaient
fourni d'excellents modèles aux tapissiers. L'intrusion du style italien
qui ne convenait pas aux pays septentrionaux, les troubles intérieurs
et les persécutions religieuses entraînèrent une décadence complète
de la fabrication bruxelloise, qui alla s'accentuant jusqu'à la fin du
XVIᵉ siècle.

Le relèvement de l'art fut commencé en France par Vouet et ses
élèves, qui exécutèrent de beaux cartons de tapisserie pour Marie de
Médicis et pour les ministres Richelieu et Mazarin. Le plus grand déco-
rateur que notre pays ait produit, Charles Lebrun, avait déjà dirigé à
Maincy une fabrique entretenue par le surintendant Fouquet, lorsqu'il
fut mis par Colbert à la tête de la Manufacture royale des tapisseries
et des meubles de la couronne, établie dans l'ancienne maison des
frères Gobelin, sur les bords de la Bièvre, au faubourg Saint-Marcel.
La Manufacture royale des Gobelins, où l'on avait réuni les métiers
fonctionnant au Louvre et dans d'autres quartiers, prit, dès le commencement, une supériorité incomparable sur toutes les autres fabriques,
et tous les produits sortis de ses ateliers sont des modèles achevés
de goût et d'exécution. Pour répondre aux demandes dont il était
accablé, Lebrun s'associa une troupe de peintres et de dessinateurs
qui, sous sa surveillance et sur ses esquisses, tracèrent les modèles des

tentures de l'*Histoire du roi Louis XIV*, des *Châteaux royaux*, des *Éléments* et des *Saisons*, chefs-d'œuvre inimitables dont l'harmonieuse composition ne peut être assez étudiée. En même temps, la Manufacture de la Savonnerie, dont la création remonte aux premières années du xviie siècle, recevait la commande de tapis destinés à la grande galerie du Louvre, à la galerie d'Apollon et aux appartements de Versailles. Une troisième manufacture était établie dans la ville de Beauvais, pour tisser en basse lisse les tapisseries destinées à recouvrir les meubles du roi. Cette dernière maison, mise plus tard dans les mains de Behagle et d'Oudry, produisit des écrans et des sièges d'une finesse exquise. Pendant deux siècles, la fabrique des Gobelins conserva les traditions artistiques de Lebrun, malgré le ralentissement des travaux qui fut occasionné par les guerres désastreuses de la fin du règne de Louis XIV. Les ateliers retrouvèrent leur activité sous Louis XV, et si les peintres attachés à la manufacture n'avaient plus la largeur de style de leurs devanciers, ils s'étaient assimilé les qualités de grâce et d'originalité qui distinguent toutes les œuvres du xviiie siècle. Les tentures composées par C. Audran et Desportes, par Oudry, par Boucher et par les Coypel offrent le charme le plus spirituel. L'ornemaniste Lemaire a dessiné pour diverses suites de Boucher et de Coypel des bordures à encadrement se détachant sur un fond de fleurs et d'attributs champêtres, que leur fantaisie délicate élève à la hauteur d'œuvres d'art. Avec l'époque de Louis XVI on vit apparaître les grandes compositions historiques qui remplacèrent les sujets galants, les bergerades et les scènes mythologiques, dont la tapisserie savait si bien s'accommoder. Bientôt, on tomba dans la peinture héroïque et l'on abandonna toute la partie ornementale pour s'efforcer d'imiter, par la multiplicité infinie des tons, le coloris des tableaux. L'art spécial de la tapisserie ne résista pas à cette déviation, qui en faisait simplement un travail de reproduction, privé d'initiative et se traînant à la remorque d'une esthétique différente. Depuis cet oubli du principe fondamental de son existence, la tapisserie languit, et malgré les prodiges d'exécution qu'elle accomplit chaque jour, il ne sort plus de la Manufacture des Gobelins aucune œuvre que l'on puisse mettre en regard de celles qui ont fait son ancienne gloire.

A. DE CHAMPEAUX.

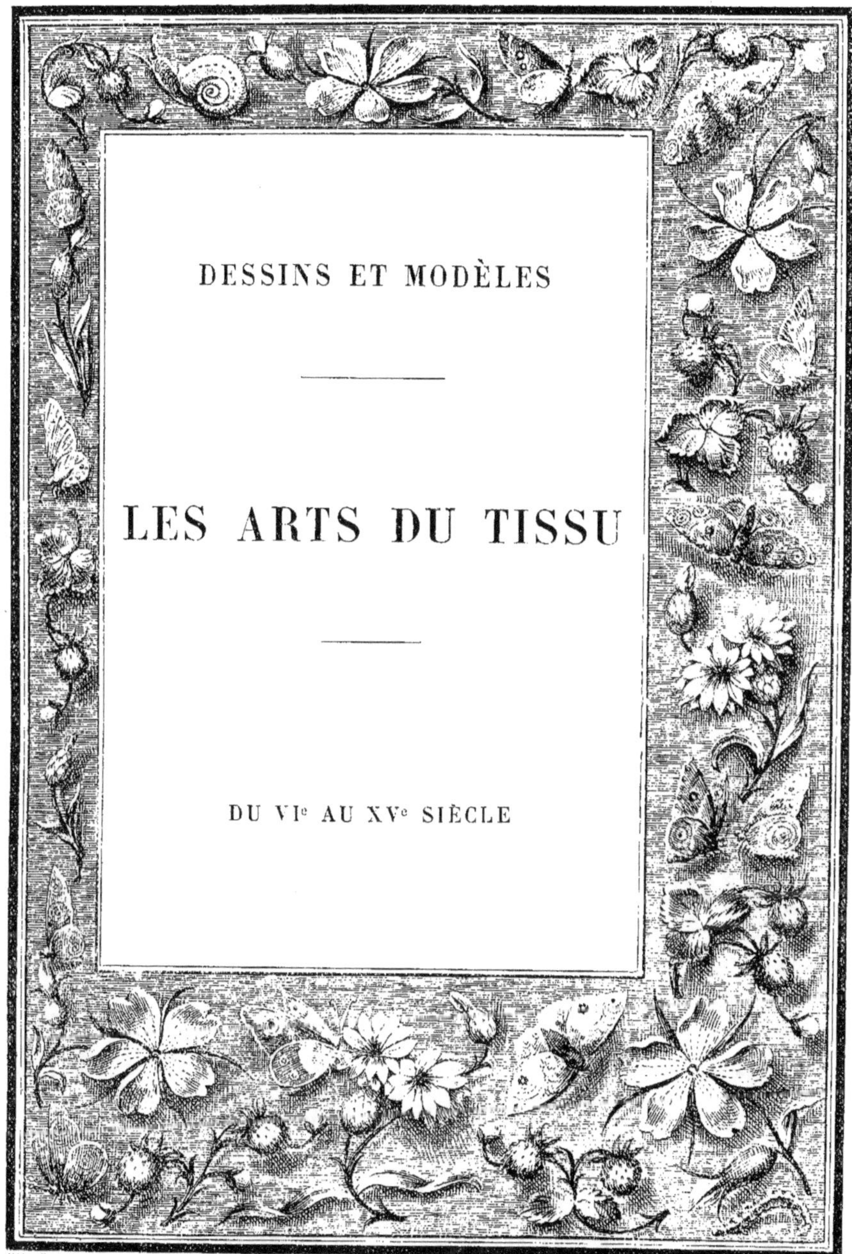

ENCADREMENT.

(Tiré d'un manuscrit de travail bourguignon-flamand du XVᵉ siècle.)

FRAGMENT DE LA CHAPE DE SAINT MESME.

L'ANNONCIATION.

(Broderie du xvᵉ siècle, de travail allemand. — South Kensington-Museum.)

FRAGMENT DU SUAIRE DE SAINTE COLOMBE.

(Trésor de la cathédrale de Sens.)

ORNEMENT TIRÉ D'UN MANUSCRIT RUSSE DU XII° SIÈCLE.

FRAGMENT DU SUAIRE DE SAINT SAVINIEN (X° OU XI° SIÈCLE).

(Trésor de la cathédrale de Sens.)

ORNEMENT TIRÉ D'UN MANUSCRIT RUSSE DU XI° SIÈCLE.

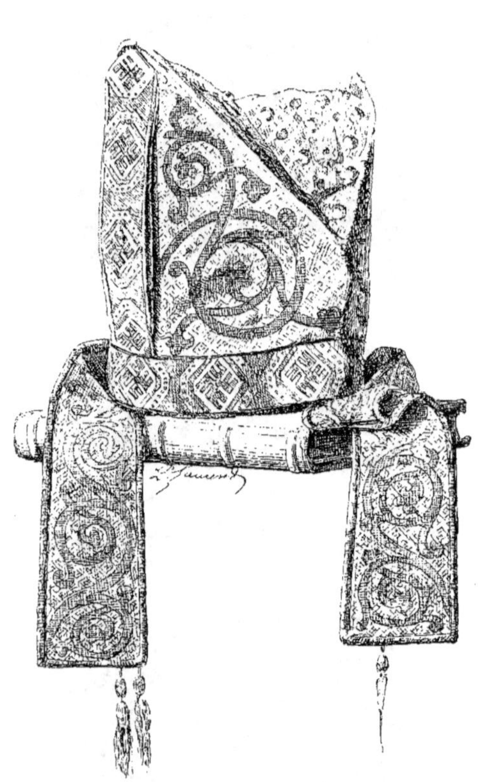

MITRE EN SOIE BRODÉE DE THOMAS BECKET (XII° SIÈCLE).

(Trésor de la cathédrale de Sens.)

ORNEMENT TIRÉ D'UN MANUSCRIT RUSSE DU XIIIe SIÈCLE.

FRAGMENT DU SUAIRE DE SAINT VICTOR (VIe SIÈCLE).

(Trésor de la cathédrale de Sens.)

FRAGMENT DU SUAIRE DE SAINT POTENTIN (X^e OU XIe SIÈCLE).

(Trésor de la cathédrale de Sens.)

DALMATIQUE DU PAPE LÉON III (DEVANT).

(Trésor de Saint-Pierre de Rome.)

DALMATIQUE DU PAPE LÉON III (DOS).

(Trésor de Saint-Pierre de Rome.

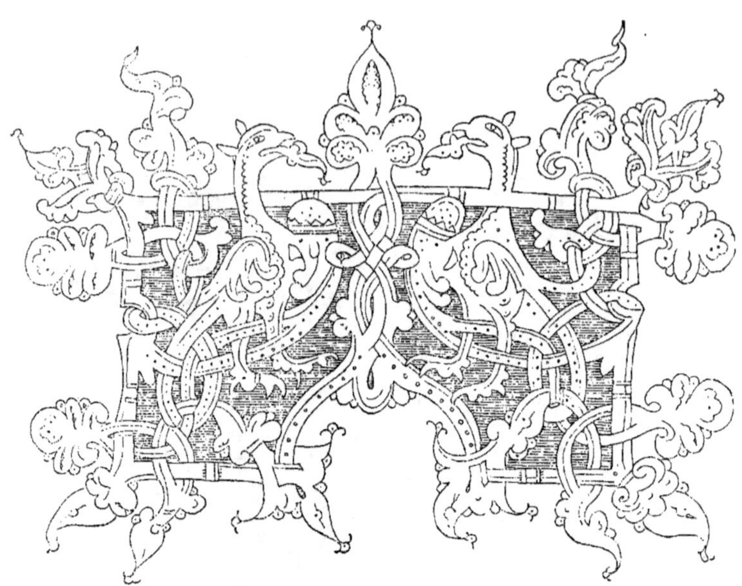

ORNEMENT TIRÉ D'UN MANUSCRIT RUSSE DU XIVᵉ SIÈCLE.

FRAGMENT DE LA CHAPE DU LATERAN (XIIIᵉ SIÈCLE).

FRAGMENT DU PAREMENT DE CHOEUR DE SAINT-GÉRÉON DE COLOGNE.

(Tapisserie du xie siècle.)

ORNEMENT TIRÉ D'UN MANUSCRIT RUSSE DU XVe SIÈCLE.

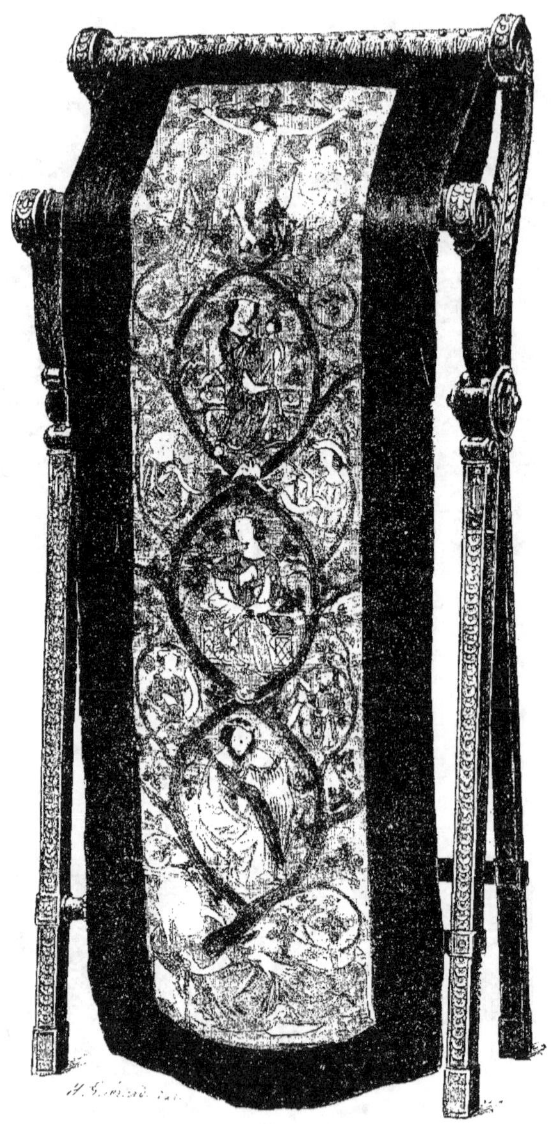

PAREMENT D'AUTEL OU DE LECTRIN.

(Broderie française, commencement du xive siècle. — Collection Spitzer.)

BANNIÈRE EN DAMAS GARNI DE BRODERIES.

(Travail flamand du XVᵉ siècle. — Collection de M. Hochon.)

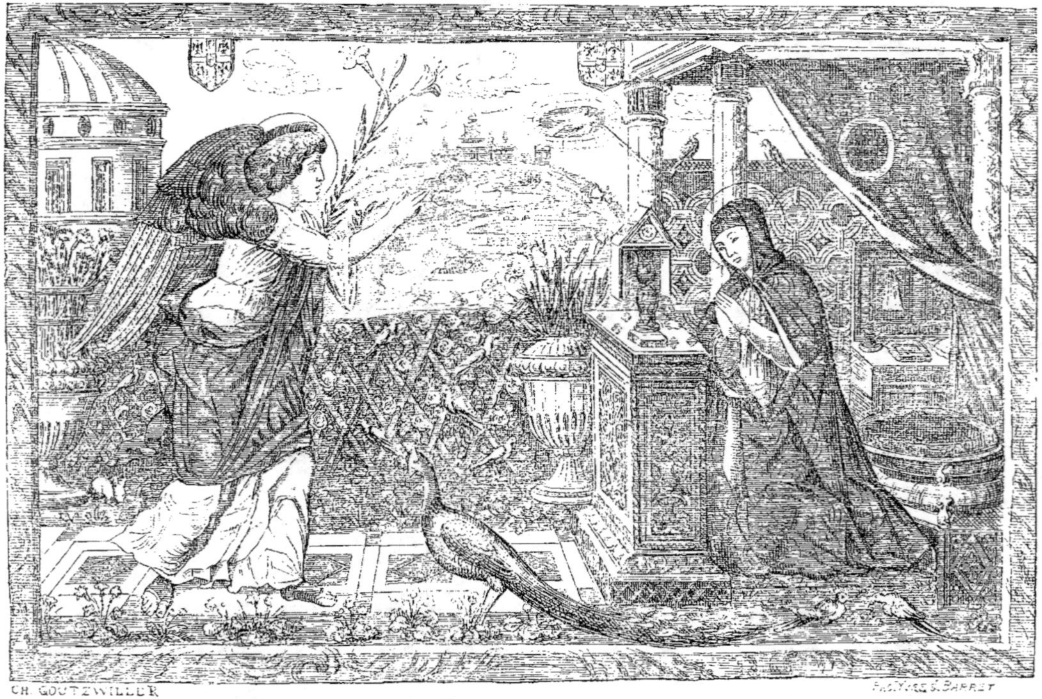

L'ANNONCIATION.

(Tapisserie italienne de la collection Spitzer).

ÉTOFFE EN SOIE DU XIVᵉ SIÈCLE.

(Musée Germanique.)

SCÈNES DE LA VIE DE LA VIERGE.

(Tapisserie flamande du XVᵉ siècle. — Collection Spitzer.)

L'ENFANT JÉSUS ASSIS ENTRE LA VIERGE ET SAINTE ANNE.

(Tapisserie flamande du xvᵉ siècle.)

HISTOIRE DE LA STATUE MIRACULEUSE DE NOTRE-DAME-DE-SABLON.

(Tapisserie de la collection Spitzer.)

TAPISSERIE DU XVᵉ SIÈCLE.

VERDURE DU XVᵉ SIÈCLE.

(Fond bleu semé de fleurettes.)

MODÈLE DE BRODERIE DU XV° SIÈCLE.

(Fac-similé d'une estampe italienne. — Cabinet des estampes de Berlin.)

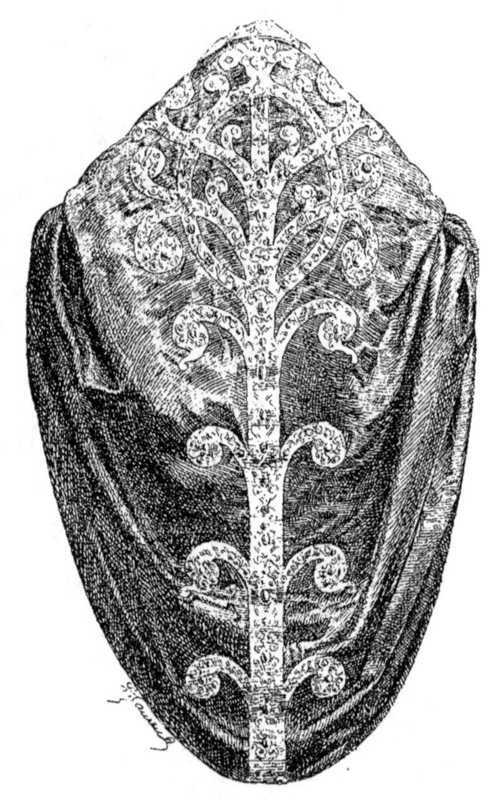

CHASUBLE DU XIIIᵉ SIÈCLE.

(Trésor de Reims.)

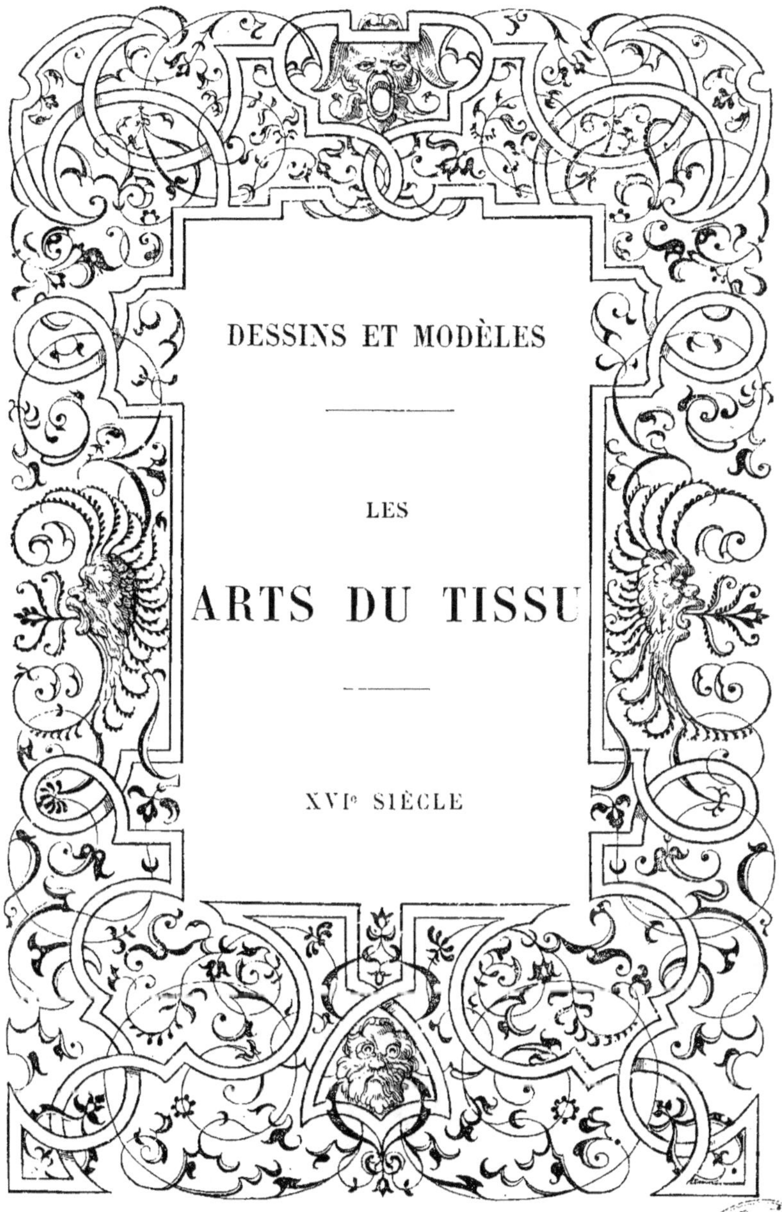

ENCADREMENT D'UN LIVRE IMPRIMÉ PAR JEAN DE TOURNES.

TAPISSERIE DE FONTAINEBLEAU (XVIᵉ SIÈCLE), APPARTENANT A M. MAILLET DU BOCLAY.

DEVANT D'AUTEL.

(Broderie sur velours rouge.)

DALMATIQUE EN VELOURS DE GÊNES.

(Collection Spitzer.)

COUSSIN BRODÉ DU XVIᵉ SIÈCLE.

CH. GOUTZWILLER

DOSSERET DE LIT DE CASTELLAZZO.

CHASUBLE DU XVIe SIÈCLE.

LIT DE CASTELLAZZO : GOUTTIÈRE DU DAIS.

LIT DE CASTELLAZZO : FRAGMENT DE L'UNE DES PENTES.

NAPPERON DE TOILE BRODÉE.

(Travail italien du commencement du XVIᵉ siècle. — Collection de M. Emm. Bocher.)

RELIURE D'UN LIVRE D'HEURES DE LA VIERGE. (KERVER, 1556.)

(Bibliothèque de M. Émile Galichon.)

RELIURE EN VEAU FAUVE A RICHES COMPARTIMENTS

d'un exemplaire du *Livret de Folastries* (1553).

PAREMENT DE LECTRIN. BRODERIE DE BRUGES, XVIᵉ SIÈCLE.

(Collection Spitzer.)

RELIURE AUX EMBLÈMES DU CONNÉTABLE

(Pour un exemplaire des *Coutumes du bailliage de Senlis*.)

RELIURE D'UN EXEMPLAIRE DE PLINE.

(Basle, in-folio, 1545.)

CH. GOUTZWILLER.

Photo Michelet Paris.

LA TOILETTE.

(Tapisserie de la collection Spitzer.)

LA PÊCHE MIRACULEUSE, D'APRÈS RAPHAËL.

(Tapisserie de la manufacture de Mortlake, au Garde-Meuble.)

DOS DE CHASUBLE.

(Broderie de Bruges, commencement du XVIᵉ siècle. — Collection Spitzer.)

MODÈLE DE TAPISSERIE TIRÉ D'UN OUVRAGE D'ANDREA GUADAGNINO.

MODÈLE DE TAPISSERIE DANS LE GOÛT DE G. TORY.

BOETZEL.

POITRAIL DE CHEVAL : TRAVAIL MILANAIS DU XVIᵉ SIÈCLE.

(Appliques en métal sur une étoffe de soie. — Collection Spitzer.)

BOITE A HOSTIES DU XVI° SIÈCLE.

(Broderie.)

L'HISTOIRE DE VULCAIN.

(Tapisserie de Mortlake, au Garde-Meuble national.)

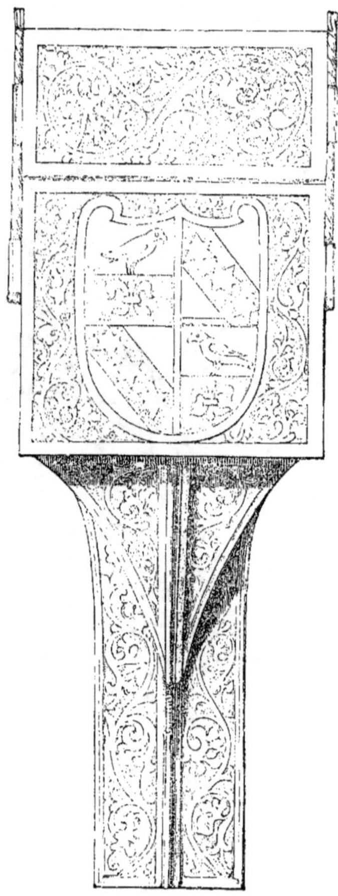

ÉTUI EN CUIR DU XVIᵉ SIÈCLE.

(Musée Germanique).

LE CHRIST APPARAISSANT A LA MADELEINE.

(Tapisserie du XVIe siècle.)

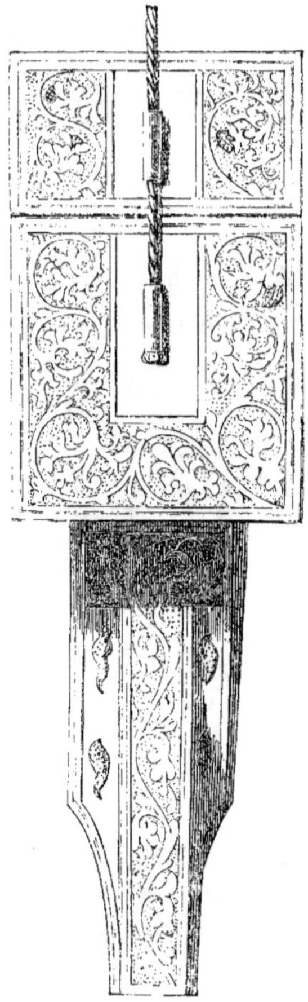

ÉTUI EN CUIR DU XVIe SIÈCLE.

(Musée Germanique.)

PLANCHE D'UN LIVRE DE BRODERIES D'OSTANS.

DALMATIQUE ESPAGNOLE A BRODERIES (XVIᵉ SIÈCLE).

(Collection de M. D.-F. Forzano.)

CHAPE ESPAGNOLE A BRODERIES (XVIᵉ SIÈCLE).

(Collection de M. D.-B. Forzano.)

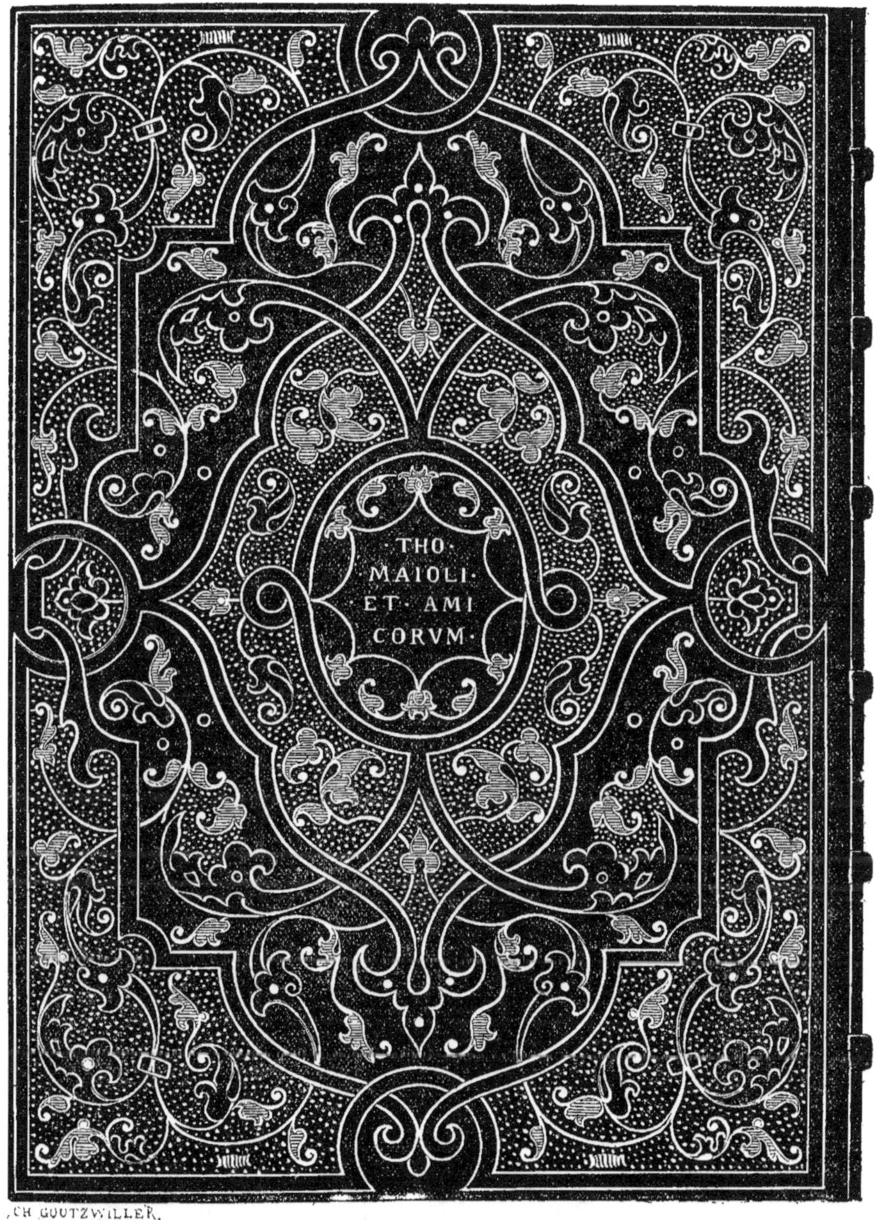

TYPE DE RELIURE EXÉCUTÉE POUR THOMAS MAIOLI (XVIe SIÈCLE).

MODÈLE DE TAPISSERIE D'UN LIVRE D'OSTANS.

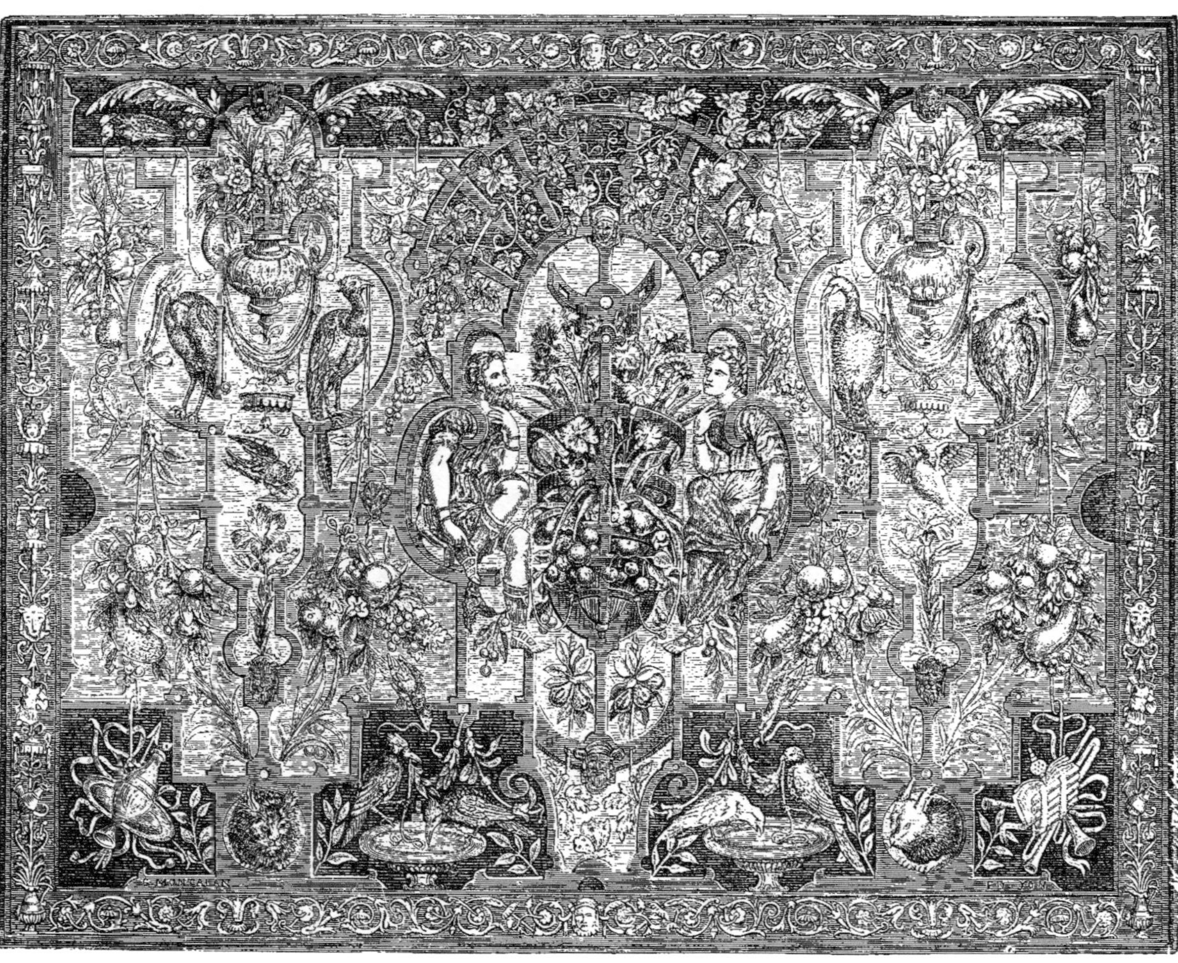

TAPISSERIE DU MILIEU DU XVIᵉ SIÈCLE (appartenant à M. le baron de Rothschild).

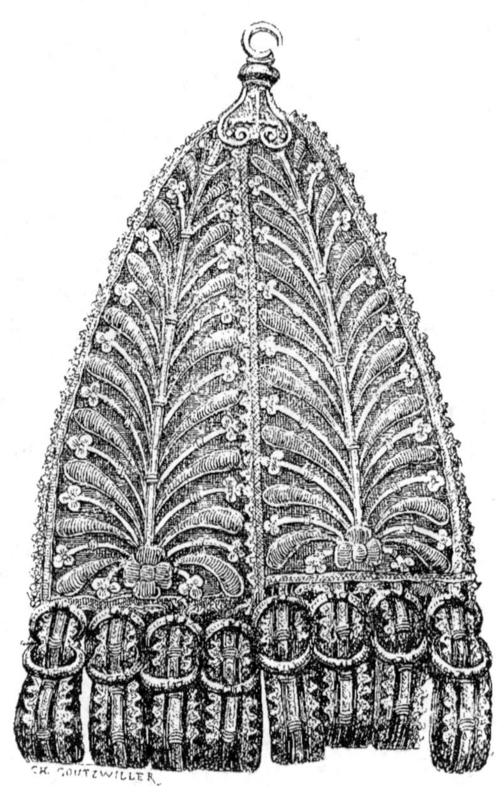

PENDANT D'ÉPÉE DU XVIᵉ SIÈCLE.

(Collection Spitzer.)

RELIURE FAITE POUR CATHERINE DE MÉDICIS, AVEC SON CHIFFRE ET SA DEVISE

(Exemplaire des *Discours astronomiques*, de Bassantin. Lyon, Jean de Tournes, 1557, in-folio. — Bibliothèque nationale.)

TAPISSERIE DE LATONE (XVIᵉ SIÈCLE).

(Château d'Anet.

VERDURE DE FERRARE.

(Tapisserie du XVIe siècle.)

SEMIS.

(Fragment de couverture de lutrin.)

DIVERS SEMIS BRODÉS OR ET COULEUR SUR VELOURS NOIR.

TAPISSERIE : PETITE ARABESQUE DE DU CERCEAU.

CHAPERON DE CHAPE.

(Broderie du xvi⁰ siècle. — Trésor de Reims.)

TAPISSERIE DE FONTAINEBLEAU, AUX EMBLÈMES DE CATHERINE DE MÉDICIS.

(Appartient à M. E. Peyre).

RELIURE DE GEOFFROY TORY.

(Collection de M. Ambroise Firmin-Didot.)

RELIURE AUX ARMES D'HENRI II.

PIÈCE DE CHASUBLE FUNÉRAIRE (XVe SIÈCLE.)

DÉTAIL D'UNE TAPISSERIE DU XVIᵉ SIÈCLE.

(Appartenant à M. le baron de Rothschild.)

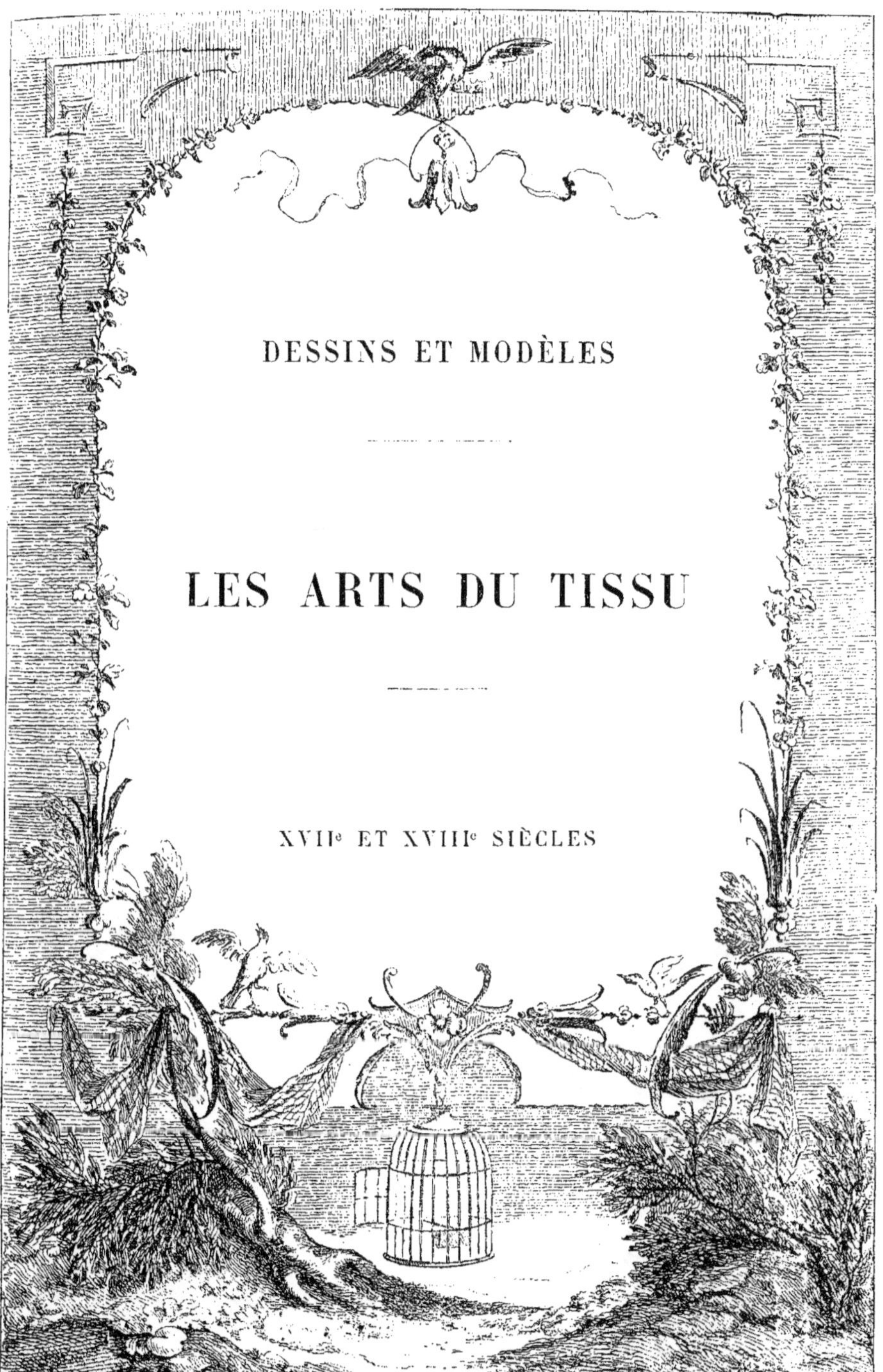

ÉCRAN DESSINÉ PAR WATTEAU.

ÉCRAN EN TAPISSERIE DE BEAUVAIS, D'APRÈS DANIEL MAROT (XVIIᵉ SIÈCLE).

(Collection de M. Manheim.)

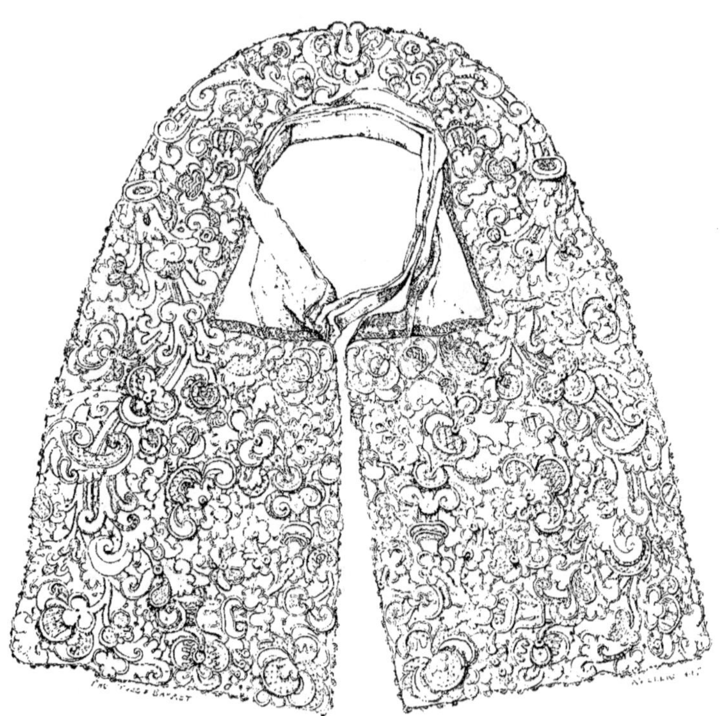

RABAT EN POINT DE VENISE (COMMENCEMENT DU XVIIᵉ SIÈCLE).

(Collection de M. Germain Bapst.)

PENTE DU DAIS DE LA SAINTE AMPOULE (XVIIe SIÈCLE).

(Cathédrale de Reims.)

MANTEAU DE COUR.

(Collection de M. le baron Davillier.)

DENTELLE ALLEMANDE DU XVIIᵉ SIÈCLE.

RELIURE D'UN « RECUEIL D'ESTAMPES », D'APRÈS LES TABLEAUX DE LA LIGUE DE PERISSIN ET TORTOREL.

(Exemplaire ayant appartenu à Jacques-Auguste de Thou.)

LA BALANÇOIRE, D'APRÈS BOUCHER.

(Tenture appartenant au Garde-Meuble.)

ENDYMION, D'APRÈS BOUCHER.

(Tenture appartenant au Garde-Meuble.)

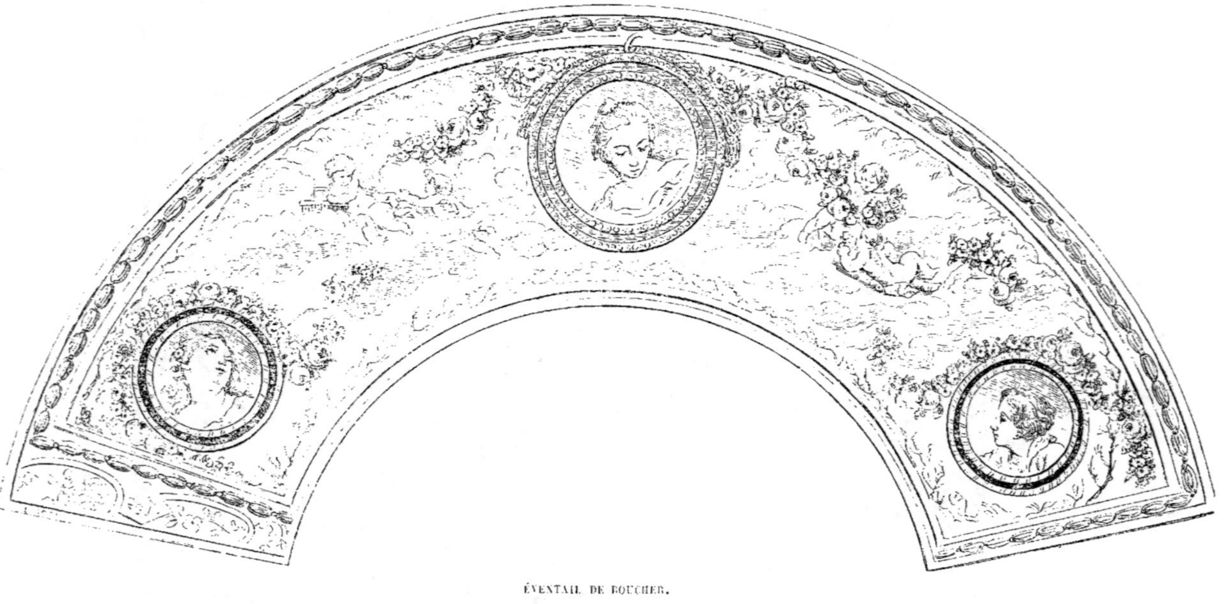

ÉVENTAIL DE BOUCHER.

(Collection de M. Piogey.)

TENTURE DE SOIE DE PHILIPPE DE LA SALLE, TISSÉE A LYON.
(Musée industriel de Lyon.)

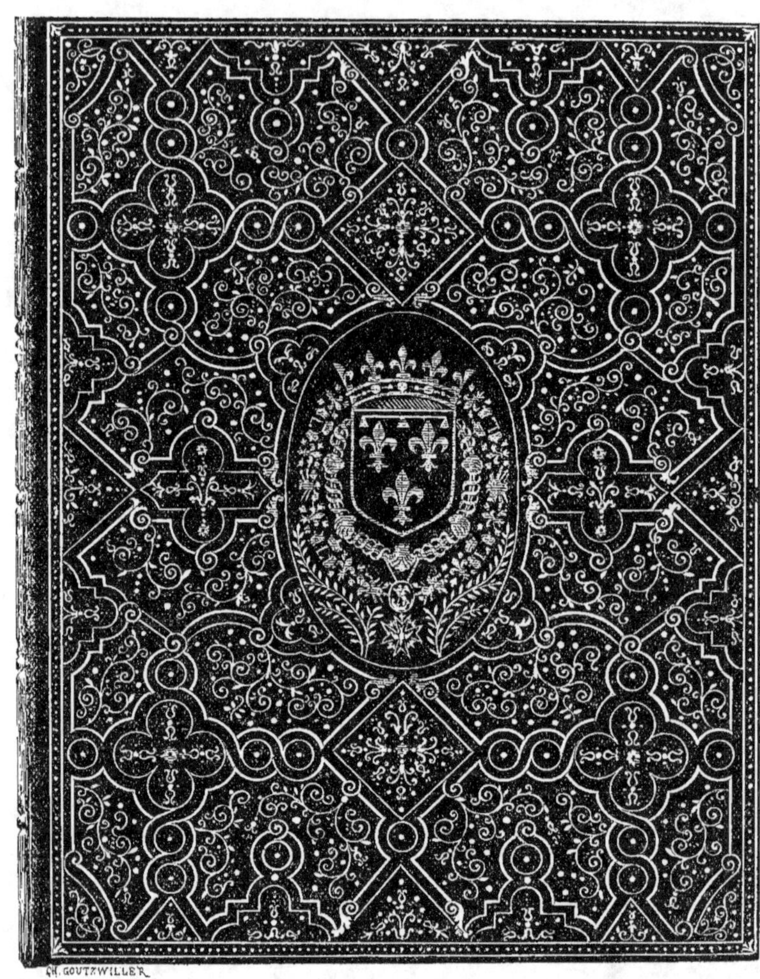

RELIURE AUX ARMES DE GASTON D'ORLEANS, PAR LE GASCON.

(Exemplaire du *De Venatione*, d'Arrianus. Paris, 1644, in-4°. — Bibliothèque nationale.)

RELIURE EN MAROQUIN ROUGE, FAITE PAR PADELOUP,

pour la *Relation de l'entrée du Roy au Havre, le 19 septembre 1749*, in-folio maximo, 1752.

PANNEAUX DE LA SUITE DES MOIS, TAPISSERIES COMPOSÉES PAR CLAUDE AUDRAN.

(Appartenant à M. Boucheron.)

PANNEAUX DE LA SUITE DES MOIS, TAPISSERIES COMPOSÉES PAR CLAUDE AUDRAN.

(Appartenant à M. Boucheron.)

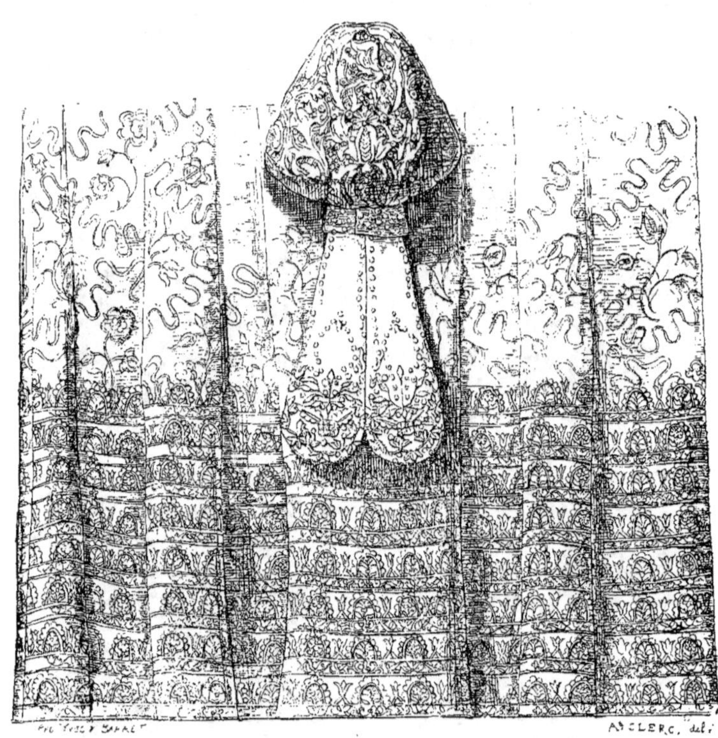

BONNET ET JUPE DU COSTUME AYANT APPARTENU A CATHERINE DE BRANDEBOURG (XVIIe SIÈCLE).

(Musée Industriel de Buda-Pesth.)

RELIURE MOSAÏQUE PAR PADELOUP (XVIIIᵉ SIÈCLE).

(Exemplaire de *l'Institutio Sociatatis Jesu*. — Bibliothèque nationale.)

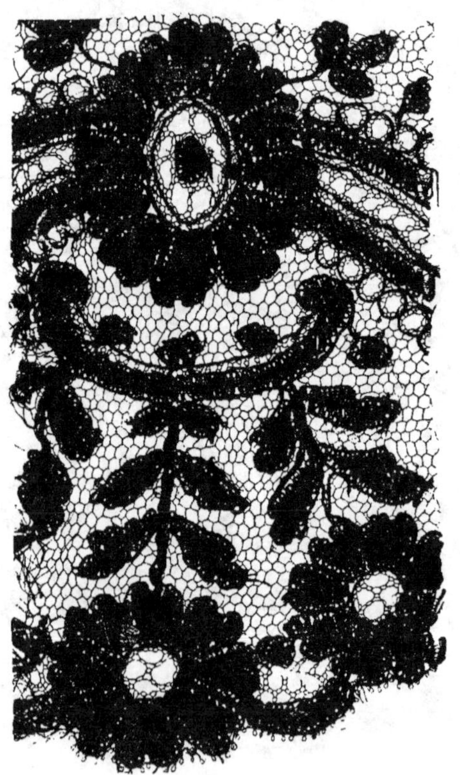

DENTELLE : BLONDE.

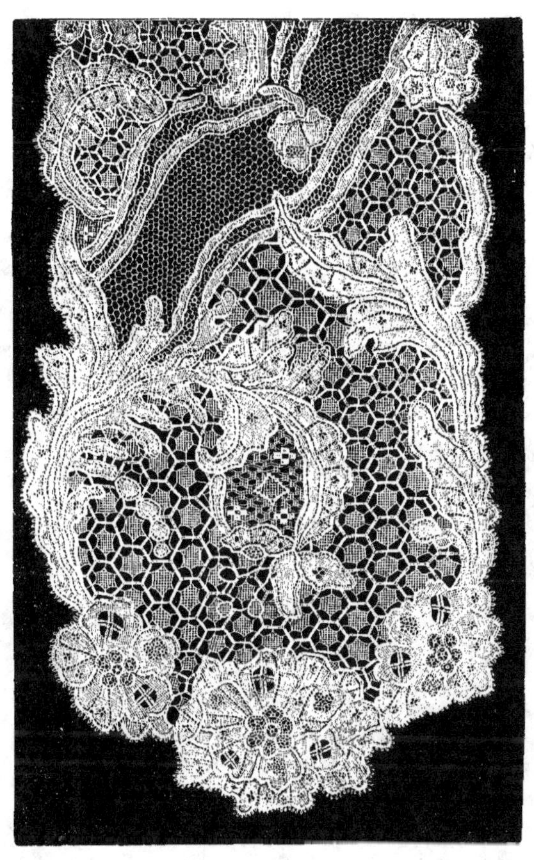

ARGENTELLA : POINT DE GÊNES.

(Tiré de l'*Histoire de la dentelle*, Firmin-Didot et Cⁱᵉ, éditeurs, Paris.)

POINT D'ALENÇON (XVIIIe SIÈCLE. — MUSÉE DE SOUTH-KENSINGTON.)

(Tiré de l'*Histoire de la dentelle*, Firmin-Didot et C⁰, éditeurs, Paris.)

PREMIÈRE BORDURE DE DON QUICHOTTE (COMMENCEMENT DU XVIIIᵉ SIÈCLE).

(D'après une tenture appartenant à M. le comte de Venneville.)

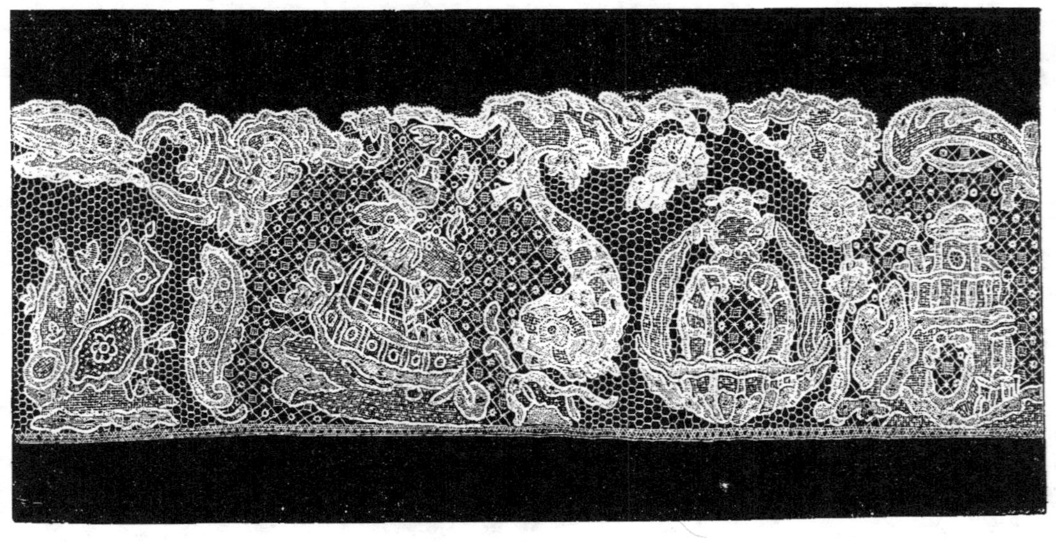

DÉFAITE DE LA FLOTTE DE PHILIPPE II : POINT D'ARGENTAN.

(Tiré de l'*Histoire de la dentelle*, Firmin-Didot et Cie, éditeurs, Paris.)

POINT D'ARGENTAN (XVIIIe SIÈCLE. — MUSÉE DE SOUTH-KENSINGTON).

(Tiré de l'*Histoire de la dentelle*, Firmin Didot et Cie, éditeurs. Paris.)

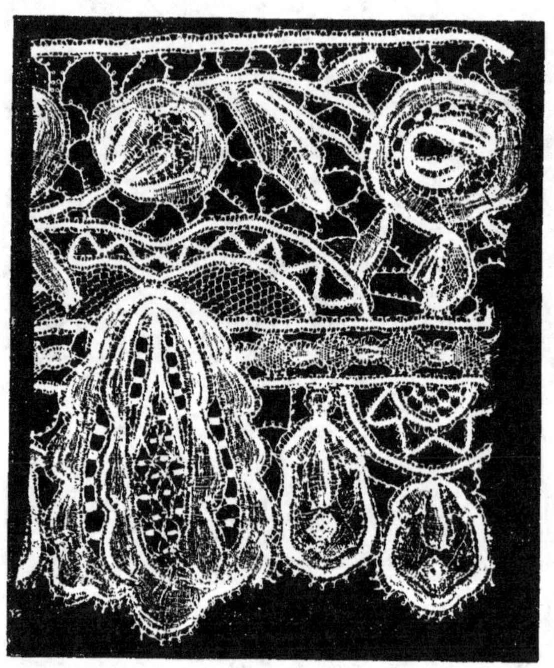

DENTELLE DE BRUGES.

ENCADREMENT

d'après la bordure d'une tapisserie des Gobelins : *le Sacrifice d'Abraham.*

SCÈNE DU FESTIN DE PIERRE.

(Tapisserie de M. Chocquel.)

TAPIS DESTINÉ AU CHATEAU DE FONTAINEBLEAU, PAR M. J. DIÉTERLE.

(Manufacture des Gobelins.)

(Modèle d'une tapisserie, par M. Lechevallier-Chevignard. — Dessin de l'artiste.)

DOSSIER DE CANAPÉ, PAR M. CHABAL-DUSSURGEY.

(Manufacture de Beauvais.)

IMITATION ANGLAISE DES RELIURES DE JEAN GROSLIER.

PÉNÉLOPE, PAR M. MAILLART.

(Tapisserie exécutée par la Manufacture des Gobelins. — Dessin de l'artiste.)

SÉLÉNÉ, PAR M. MACHARD,

(Tapisserie exécutée par la Manufacture des Gobelins, d'après les dessins de MM. Maillard et Durand.)

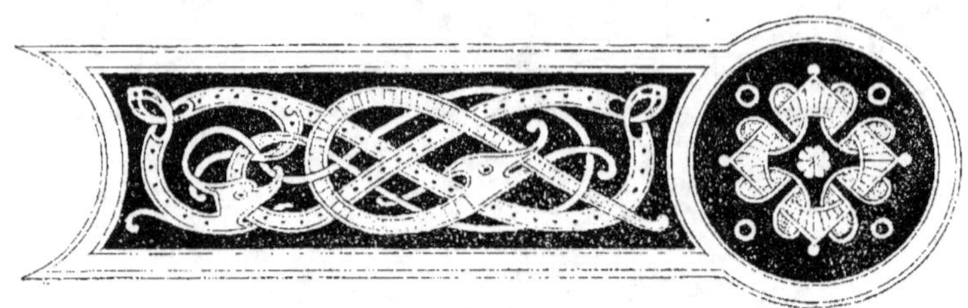

DÉTAIL BRODÉ D'APRÈS DES MOTIFS SUÉDOIS.

ÉCRAN EN TAPISSERIE DE LA MANUFACTURE DE BEAUVAIS.

(Exposition universelle de 1889.)

DENTELLE AU POINT NORMAND.

(Par M. Pagny, de Paris.)

DÉTAIL DE POINTS COLBERT.

(Par MM. Lefébure, de Paris.)

DOSSIER DE CANAPÉ, PAR M. DIÉTERLE.

FEUILLE DE PARAVENT, STYLE LOUIS XIV, PAR M. CHABAL-DUSSURGEY.

(Manufacture de Beauvais.)

MITRE BRODÉE AUX PETITS POINTS DE SOIE SUR OR.

(Par MM. Biais aîné fils et Rondelet.)

COFFRET BRODÉ.

(Par M. Danthoine, de Paris.)

LAMPAS POUR AMEUBLEMENT.

(Par MM. Mathevon et Bouvard, de Lyon.)

REPS POUR AMEUBLEMENT.

(Par M. Chocquel, de Paris.)

PLAT DE RELIURE.

(Album offert à M. Teisserenc de Bort. 1878.)

LA CASCADE. COMPOSITION DE MAZEROLLE.

(Panneau en tapisserie d'Aubusson, par M. Hamot.)

ÉCRAN EN TAPISSERIE ET VELOURS COMBINÉS.

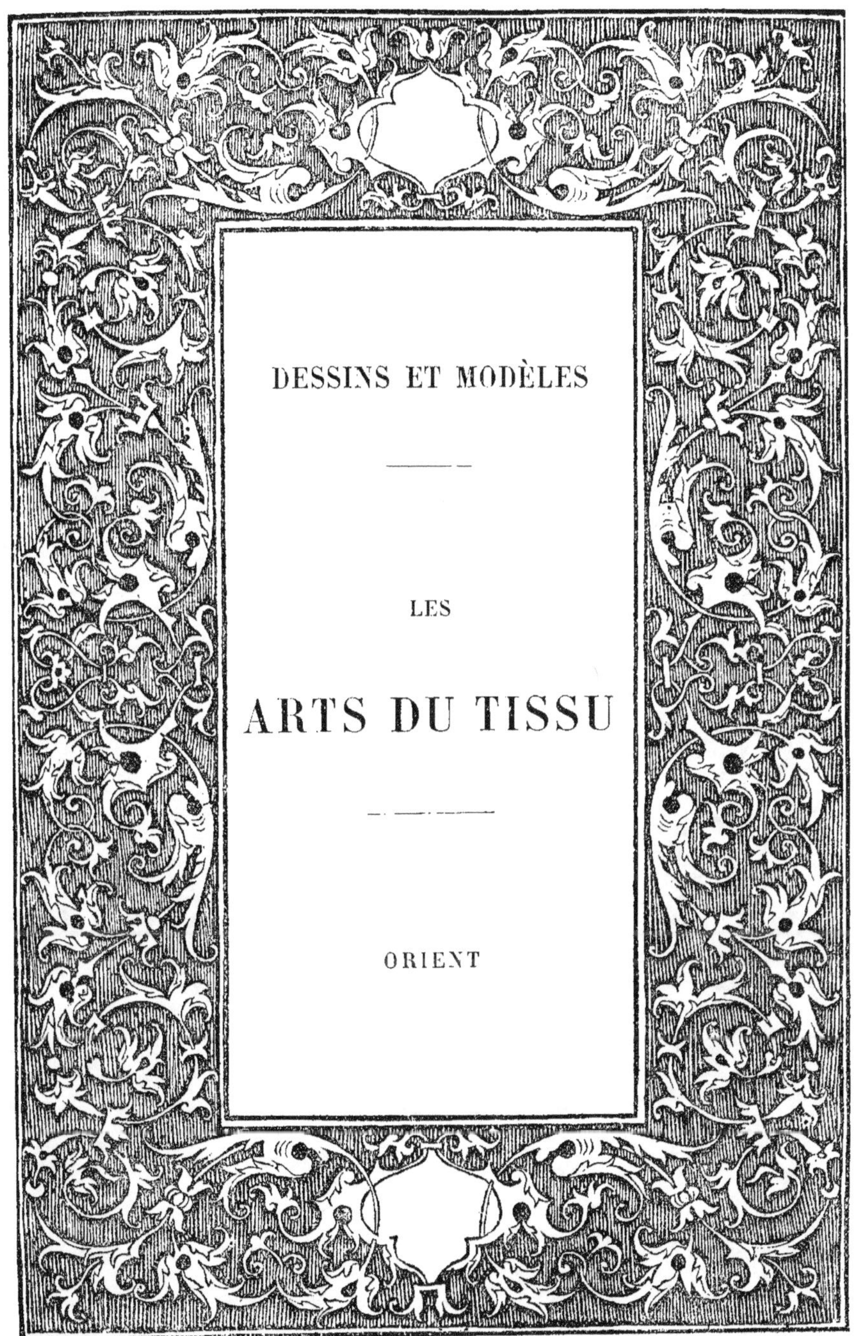

ENCADREMENT DU XVIᵉ SIÈCLE.

ÉTOFFE DE SOIE DE STYLE BYZANTIN.

(Kensington-Museum.)

TAPISSERIE COPTE.

(Musée des Gobelins.)

TAPISSERIE COPTE.

(Musée des Gobelins.)

ÉTOFFE ORIENTALE DE CHINON.

MANTEAU DE COURONNEMENT.

(Travail arabe du xii⁰ siècle, exécuté à Palerme en 1133, sous Roger II de Calabre, premier roi de Sicile.)

ÉTOFFE DE TENTURE ARABE DU XIVe SIÈCLE.

CH. GOUTZWILLER. GILLOT

ÉTOFFE DE TEXTURE ARABE DU XIIe SIÈCLE.

FRAGMENT DE CHASUBLE EN LAMPAS DE STYLE HISPANO-MORESQUE.

(Collection de MM. Tassinari et Chatel)

TAPIS PERSAN EN SOIE.

(Collection de M. le marquis de Saint-Seine.)

ROBE IMPÉRIALE. — JAPON.

VÊTEMENT MILITAIRE JAPONAIS.

ROBE DE FEMME CHINOISE.

(D'après les originaux appartenant à M. S. Bing.)

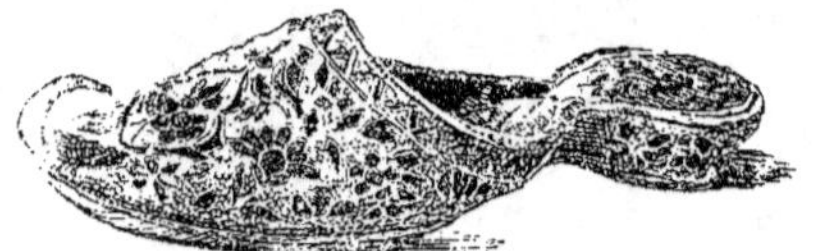

MULE PERSANE EN PERLES FINES.

TABLE DES MATIÈRES

TABLE DES GRAVURES

BRODERIES

TAPIS. — TAPISSERIES. — TENTURES

RELIURES. — CUIRS

Bordeaux. — Imp. G. GOUNOUILHOU, rue Guiraude, 11.